PEQUENA GAROTA GRANDE CORAÇÃO

POR SIRLEI FARKAS

ISBN: 978-0-578-72292-4 (brochura, versão em português)
ISBN: 978-0-578-72291-7 (brochura, versão em inglês)

Que o coração
de todos que leem
essa história seja
preenchido com
amor, alegria e paz.

Era uma vez,

uma garotinha chamada...
bem, ela gostava de ser chamada de
"Raio de Sol."

A pequena Raio de Sol fazia justiça a seu nome. Ela espalhava sua luz radiante e uma alegria contagiante por onde ela passava.

Essa garotinha se encatava
com o esplendor da natureza.

Amabilidade

Em dias ensolarados, a pequena Raio simplesmente deitava no gramado verdejante e se esbaldava com o calor do sol sobre seu lindo rostinho.

Paz

Em dias chuvosos, ela simplesmente dançava na chuva.

Sua maior diversão era explorar
e cantar para todas as plantas
e criaturas ao seu redor.

Paciência

A pequena Raio se sentia
como uma verdadeira princesa
da grande floresta.

Dos céus, às árvores, aos rios,
a pequena Raio era capaz de ver
belezas extraordinárias através dos
seus lindos olhinhos brilhantes.

Alegria

Ela era amável e extremamente gentil com todos os seres vivos da natureza.

Amor

A pequena Raio tinha imenso prazer em alimentar os pássaros com frutinhas silvestres, enquanto acariciava suas penas macias e coloridas.

Mansidão

Se ela encontrasse um sapinho

em seu caminho, ela alegremente

o cumprimentava dizendo:

"Bom dia seu sapo!"

E juntos eles saíam...

saltando!

saltando!!

saltando!!!

Se ela avistasse uma borboleta, ela
suavemente à cumprimentava dizendo:
"Oi fabulosa!"

Bondade

E juntas elas saíam flutuando e...

girando!

girando!!

girando!!!

Se ela notasse um coelhinho, ela gentilmente o cumprimentava dizendo: "Boa tarde fofo!"

E juntos eles saíam...

pulando!

pulando!!

pulando!!!

Toda essa beleza extraordinária
que a pequena Raio experienciava,
vinha de dentro.

Era Deus que habitava
em seu coração, permitindo-lhe
ver e experienciar a mais
pura forma de beleza que há.

Domínio Próprio

Deus havia abençoado
essa pequena garota
com o fruto do espírito.

Fidelidade

Que é...

Amor
Alegria
Paz
Paciência
Amabilidade
Bondade
Fidelidade
Mansidão
Domínio Própio

Mas o maior dentre esses é o...

Amor

9 780578 722924